45 Pasti Con Proteine Del Latte Per Sollevatori Di Pesi:

Incrementa I Muscoli In 4 Settimane Senza Pillole o Frullati

di

Joseph Correa

Nutrizionista Sportivo Certificato

COPYRIGHT

© 2016 Correa Media Group

Tutti I diritti riservati

La riproduzione o la traduzione di qualsiasi parte di questo lavoro al di là di quanto consentito dalla sezione 107 o 108 degli Stati Uniti Copyright 1976, senza l'autorizzazione del titolare dei diritti è illegale.

La presente pubblicazione è stata progettata per fornire informazioni accurate e autorevoli in materia di

Il tema trattato. Viene venduto con la consapevolezza che né l'autore né l'editore si impegnano a fornire consulenza medica. In caso di consultazione o di assistenza medica, consultare un medico. Questo libro è considerato una guida e non deve essere utilizzato in alcun modo che possa essere dannoso per la salute. Consultare un medico prima di iniziare questo piano nutrizionale per assicurarsi che sia giusto per te.

RINGRAZIAMENTI

Alla mia famiglia che ha reso possibile la realizzazione ed il successo di questo libro.

45 Pasti Con Proteine Del Latte Per Sollevatori Di Pesi:

Incrementa I Muscoli In 4 Settimane Senza Pillole o Frullati

di

Joseph Correa

Nutrizionista Sportivo Certificato

CONTENUTI

Copyright

Ringraziamenti

Cenni sull'autore

Introduzione

45 pasti con proteine del latte per sollevatori di pesi: incrementa I muscoli in 4 settimane senza pillole o frullati

Altri titoli dell'autore

CENNI SULL'AUTORE

Come nutrizionista sportivo certificato e atleta professionista, sono fermamente convinto che una corretta alimentazione ti aiuterà a raggiungere i tuoi obiettivi più velocemente e in modo efficace. La mia conoscenza ed esperienza mi ha aiutato a vivere in modo più sano nel corso degli anni che ho condiviso con la famiglia e gli amici. Quanto più si sa di mangiare e bere in modo sano, tanto prima si vorrà cambiare la tua vita e abitudini alimentari.

Avere successo nel controllare il peso è importante in quanto permetterà di migliorare tutti gli aspetti della tua vita.

La nutrizione è una parte fondamentale nel processo per ottenere una forma migliore e questo è tutto ciò che è contenuto nel libro.

INTRODUZIONE

45 ricette di pasti per Sollevatori di pesi ti aiuterà ad aumentare la quantità di proteine che si consumano al giorno per contribuire ad aumentare la massa muscolare. Questi pasti contribuiranno ad aumentare il muscolo in maniera organizzata con l'aggiunta di grandi porzioni sane di proteine alla tua dieta. Essere troppo occupato a mangiare correttamente a volte può diventare un problema ed è per questo che questo libro ti farà risparmiare tempo e contribuirà a nutrire il tuo corpo per raggiungere gli obiettivi che desiderati. Assicurati di sapere cosa stai mangiando per preparartelo da solo o avere qualcuno che lo prepara per te.

Questo libro ti aiuterà a:

- Incrementare la muscolatura velocemente.

- Avere più energia.

- Accelerare il tuo metabolismo in modo naturale per avere più muscoli.

- Migliorare Il tuo sistema digestivo.

Joseph Correa è un nutrizionista sportivo certificato ed un atleta professionista.

45 RICETTE DI PASTI PER SOLLEVATORI DI PESI

COLAZIONE

1. **Per i più mattinieri**

Fai scattare il tuo corpo da uno stato catabolico e con l'aiuto di un alto contenuto di carboidrati per una colazione al forno con tante proteine per ricostituire i muscoli. Mezzo pompelmo e punte di asparagi per fare il pieno di vitamina C.

Ingredienti (1 porzione):

6 albumi

½ tazza di quinoa cotta e mix di riso integrale

3 punte di asparagi, fette

½ pompelmo rosa

1 piccolo peperone rosso, affettato

1 cucchiaio di siero di latte piccante e proteine in polvere

1 spicchio d'aglio, schiacciato

Olio di oliva in spray

Pepe, sale

Tempo di preparazione: 10 minuti

Tempo di cottura: 15-20 minuti

Preparazione:

Riscaldare il forno a 200°C ventilato / gas 6. Ungere leggermente una padella in ghisa con olio d'oliva.

In una ciotola media, sbattere gli albumi con un pizzico di sale e pepe fino a renderli schiumosi.

Aggiungere il riso cotto e quinoa nella padella; versare gli albumi poi i pezzi di asparagi e le fette di peperone.

Cuocere in forno per 15-20 minuti o fino a quando le uova saranno cotte.

Valori nutrizionali per porzione: 407kcal, 52g proteine, 40g carboidrati (5g fibre, 8g zuccheri), 2g grassi, 15% calcio, 12% ferro, 19% magnesio, 26% vitamina A, 63% vitamina C, 48% vitamina K, 12% vitamina B1, 69% vitamina B2, 26% vitamina B9.

2. Scodella energetica

Una colazione con un nome appropriato, la scodella energica combina un alto contenuto di proteine, bianco d'uovo e un rifornimento di energia con la farina d'avena. Le noci aggiungono I grassi ed il miele completa il tutto con una nota di dolcezza.

Ingredienti(1 porzione):

6 bianchi d'uovo

½ tazza farina d'avena istantanea, cotta

1/8 tazza noci

¼ tazza di bacche

1 cucchiaio raso di miele

Cannella

Tempo di preparazione: 10 min

Tempo di cottura: 5 min

Preparazione:

Montare a neve gli albumi fino a renderli schiumosi poi cuocerli in una padella a fuoco basso.

Unire la farina d'avena e gli albumi in una ciotola; aggiungere la cannella e miele grezzo e mescolare.

Ottimo con frutti di bosco, banana e noci.

Valori nutrizionali per porzione: 344kcal, 30g proteine, 33g carboidrati (3g fibre, 23g zuccheri), 11g grassi (2 saturi), 10% ferro, 15% magnesio, 10% vitamina B1, 11% vitamina B2, 15% vitamina B5.

3. Tonno farcito ai peperoni

Questa è una ricetta veloce e nutriente che fornisce un altissimo apporto di vitamina B12. Ricco di proteine, il tonno è una varietà di colazione eccellente per la struttura dei muscoli e se vuoi aggiungere alcuni carboidrati al tuo pasto, un pezzetto di toast integrale è la soluzione ideale.

Ingredienti(2 porzioni):

2 scatole di tonno con acqua (185g), scolato per metà

3 uova sode

1 scalogno, tritato finemente

5 piccoli sottaceti, a dadini

Sale, pepe

4 peperoni, dimezzati, senza semi

Tempo di preparazione: 5 min

Tempo di cottura: 10 minuti

Preparazione:

Mettere insieme il tonno, le uova, lo scalogno, sottaceti e condimenti in un frullatore e mescola fino a renderli una crema.

Riempi le metà dei peperoni con il composto e servi.

Valori nutrizionali per porzione: 480kcal, 46g proteine, 16g grassi (4g saturi), 8g carboidrati (2g fibre, 4g zuccheri), 28%

magnesio, 94% vitamina A, 400% vitamina C, 12% vitamina E, 67% vitamina K, 18% vitamina B1, 32% vitamina B2, 90% vitamina B3, 20% vitamina B5, 56% vitamina B6, 18% vitamina B9, 284% vitamina B12.

4. Yogurt Greco con semi di lino e mela

Scostati per un attimo dal tradizionale uovo bianco per la costruzione muscolare a colazione, e prova alcuni alimenti con alto contenuto di proteine come lo yogurt Greco aromatizzato alla mela. Aggiungi dei semi di lino per aumentare 'apporto di fibre, dopo averli tenuti in ammollo tutta la notte per renderli morbidi e digeribili.

Ingredienti (1 porzione):

1 tazza yogurt greco

1 mela, a fette sottili

2 cucchiai di semi di lino

¼ cucchiaino di cannella

1 cucchiaino di Stevia

Una spruzzata di sale

Tempo di preparazione: 5 min

Tempo di cottura: 45 minuti

Preparazione:

Preriscaldare il forno a 190°C ventilato / gas 5. Posizionare le fette di mela in una padella antiaderente, cospargere con cannella, Stevia e un pizzico di sale, coprirle e cuocere per 45 min / finché diventano tenere. Toglierli dal forno e lasciare raffreddare per 30 minuti.

Mettere lo yogurt greco in una ciotola poi riempire con mele e semi di lino e servire.

Valori nutrizionali per porzione: 422kcal, 22g proteine, 39g carboidrati (7g fibre, 22 g zuccheri), 21g grassi (8 g saturi), 14% calcio, 22% magnesio, 14% vitamina C, 24% vitamina B1, 13% vitamina B12.

5. Anelli di peperoni con "Forma di Semola"

Un pasto gustoso e speciale, gli anelli di peperone con forma di semola per i tuoi muscoli ti darà molta energia per tutta la giornata. Piena di colori e di sostanze nutritive, questa colazione ha un'elevata quantità di vitamina B1.

Ingredienti(1 porzione):

6 bianchi d'uovo

2 uova

¼ tazza farina di riso

1 tazza di spinaci crudi

½ peperone verde

1 tazza di pomodorini

Uno spruzzo di olio d'oliva

Sale, pepe

Tempo di preparazione: 10 min

Tempo di cottura: 15 min

Preparazione:

Monta a neve gli albumi con un pizzico di sale e pepe fino a renderli schiumose. Scalda l'olio in una padella antiaderente e cuoci gli albumi e la farina. Aggiungi gli spinaci, mescola e cuoci fino a quando gli spinaci si sono appassiti.

Spruzza una padella con olio d'oliva e imposta il fuoco medio. Taglia i peperoni in senso orizzontale per creare 2 anelli, mettili nella padella e rompi le uova all'interno dei peperoni. Lascia cuocere fino a quando le uova diventano bianche. Metti il composto di uova, farina e gli anelli di peperone cotti su un piatto e servi con pomodorini.

Valori nutrizionali per porzione : 495kcal, 45g proteine, 45g carboidrati (3g fibre, 7g zuccheri), 11g grassi (3g saturi), 9% calcio, 14% ferro, 20% magnesio, 35% vitamina A, 32% vitamina C, 91% vitamina B2, 22% vitamina B5, 12% vitamina B6, 15% vitamina B12.

6. Latte di mandorle dolci

10 minuti è tutto ciò che serve per preparare questo frullato ad alto contenuto di vitamina D e B1. È possibile farne una grande quantità e tenerlo in freezer, scelta perfetta per una colazione veloce.

Ingredienti(2 porzione):

1 tazza di latte di mandorle

1 tazza di frutti di bosco congelati

1 tazza di spinaci

1 cucchiaio dosatore di proteine in polvere al gusto banana

1 cucchiaio di semi di chia

Tempo di preparazione: 10 min

Nessuna cottura

Preparazione:

Mescola assieme tutti gli ingredienti in un frullatore fino a rendere il tutto una crema liscia, metti in 2 bicchieri di vetro e servi.

Valori nutrizionali per porzione: 295kcal, 26g proteine, 32g carboidrati (4g fibre, 13g zuccheri), 9g grassi, 40% calcio, 20% ferro, 12% magnesio, 50% vitamina A, 40% vitamina C, 25% vitamina D, 57% vitamina E, 213% vitamina B1, 18% vitamina B9.

7. Torta di zucca e frittella alle proteine

Dimentica la farina e prova il pancake di avena con una deliziosa aggiunta di zucca fresca. Rovescia un po' di sciroppo privo di calorie e gusta una colazione con alto numero di proteine che ha un sapore buono come un piccolo pasto.

Ingredienti(1 porzione):

1/3 tazza di avena vecchio stile

¼ tazza di zucca

½ tazza di albumi

1 cucchiaio dosatore di proteine in polvere alla cannella

½ cucchiaino di cannella

Olio di oliva spray

Tempo di preparazione: 5 min

Tempo di cottura: 5 min

Preparazione:

Mescola tutti gli ingredienti assieme in una ciotola. Spruzza una padella di medie dimensioni con olio d'oliva quindi metti tutto a fuoco medio.

Versa la pastella, e una volta che vedi delle piccole bolle che appaiono sulla parte superiore della frittella, capovolgi. Quando ogni lato è dorato, togli il pancake e servi.

Valori nutrizionali per porzione: 335kcal, 39g proteine, 37g carboidrati (6g fibre, 1 g zuccheri), 6g grassi, 14% calcio, 15% ferro, 26% magnesio, 60% vitamina A, 26% vitamina B1, 37% vitamina B2, 10% vitamina B5, 31% vitamina B6.

8. Farina d'avena arricchita di proteine

Ecco un'abbondante porzione di carboidrati che ti terrà sazio per ore, mentre la polvere di proteine e mandorle segnerà un inizio di giornata ricco di proteine. Se preferisci la farina d'avena con un gusto fruttato, utilizza le proteine in polvere al gusto di banana.

Ingredienti(1 porzione):

2 pacchetti di farina d'avena istantanea (porzioni da 28g)

¼ tazza di mandorle tritate

1 cucchiaio dosatore di proteine in polvere al siero di latte gusto vaniglia

1 cucchiaino di cannella

Tempo di preparazione: 5 min

Tempo di cottura: 5 min

Preparazione:

Versa la farina d'avena istantanea in una ciotola, mescola con la polvere di proteine e la cannella. Aggiungi acqua calda e mescola. Guarnisci con mandorle tritate e servi.

Valori nutrizionali per porzione: 436kcal, 33g proteine, 45g carboidrati (10g fibre, 4g zuccheri), 15g grassi (1g saturi), 17% calcio, 19% ferro, 37% magnesio, 44% vitamina E, 21% vitamina B1, 21% vitamina B2.

9. Pacchetto di proteine rimestato

Nutri i muscoli e fai un allenamento intenso con questo pasto di ben 51g proteine. Questi i bianchi d'uovo strapazzate con verdure e salsiccia di tacchino hanno il valore aggiunto di essere ricchi di carboidrati e ad alto contenuto di vitamine.

Ingredienti(1 porzione):

8 albumi

2 salsicce di tacchino, tritate

1 cipolla grande, tagliata a dadini

1 tazza di peperoni rossi, a dadini

2 pomodori a dadini

2 tazze di spinaci, tritate

1 cucchiaio di olio di oliva

Sale e pepe

Tempo di preparazione: 10 min

Tempo di cottura: 10-15 minuti

Preparazione:

Frulla gli albumi con un pizzico di sale e pepe fino a renderli schiumosi, quindi mettili da parte.

Scalda l'olio in una grande padella, mettici dentro cipolle e peperoni, e cucinali fino a renderli teneri. Aggiusta di sale e pepe. Aggiungi della salsiccia di tacchino e cuoci fino a farla dorare, poi abbassa il fuoco ed aggiungi gli albumi e strapazza.

Quando le uova sono più o meno cotte, aggiungi il pomodoro e gli spinaci, cucina per 2 minuti e servi.

Valori nutrizionali per porzione: 475kcal, 51g proteine, 37g carboidrati (10g fibre, 18g zuccheri), 10g grassi (2g saturi), 14% calcio, 23% ferro, 37% magnesio, 255% vitamina A, 516% vitamina C, 25% vitamina E, 397% vitamina K, 22% vitamina B1, 112% vitamina B2, 29% vitamina B3, 19% vitamina B5, 51% vitamina B6, 65% vitamina B9.

10. Frappè di frutta e burro d'arachidi

Quale modo migliore per iniziare la giornata che facendo il pieno di calcio in un frullato al gusto di fragola? Con un alto contenuto di minerali, vitamine, proteine e carboidrati per un rifornimento di energia, questo frullato è un modo perfetto per dare inizio alla giornata.

Ingredienti(1 porzione):

15 fragole di media grandezza

1 1/3 cucchiai di burro d'arachidi

85g di tofu

½ tazza di yogurt magro

¾ tazza di latte scremato

1 misurino di proteine in polvere

8 cubetti di ghiaccio

Tempo di preparazione: 5min

Nessuna cottura

Preparazione:

Versa il latte nel frullatore poi lo yogurt e il resto degli ingredienti. Frulla fino ad ottenere un composto completamente amalgamato e spumoso. Versa in un bicchiere e servi.

Valori nutrizionali per porzione: 472kcal, 45g proteine, 40g carboidrati (6g fibre, 31g zuccheri), 13g grassi (4g saturi), 110% calcio, 35% ferro, 27% magnesio, 30% vitamina A, 190% vitamina C, 11% vitamina E, 13% vitamina B1, 24% vitamina B2, 10% vitamina B5, 18% vitamina B6, 17% vitamina B9, 12% vitamina B12.

11. Muffin di proteine al siero di latte

Con una buona dose di avena e una porzione di proteine al siero di latte gusto cioccolato, questi muffin sono una grande colazione alternativa all'avena. In coppia con un bicchiere di latte, questo pasto ti dà una buona quantità di calcio e Vitamina D oltre che proteine e carboidrati.

Ingredienti(4 muffins-2 porzioni):

1 tazza di fiocchi d'avena

1 uovo grande intero

5 albumi

½ misurino di proteine in polvere al cioccolato

uno spruzzo di olio d'oliva

2 tazze di latte scremato, da servire

Tempo di preparazione: 2 min

Tempo di cottura: 15 min

Preparazione:

Riscalda il forno a 190C elettrico/a gas 5.

Frulla tutti gli ingredienti assieme per 30 secondi. Spruzza la teglia dei muffin con olio d'oliva poi dividi in quattro i muffin. Metti in forno per 15 min.

Togli dal forno, lascia raffreddare e servi con il bicchiere di latte.

Valori nutrizionali per porzione (incluso il latte): 330kcal, 28g proteine, 37g carboidrati (9g fibre, 13g zuccheri), 6g grassi (5g saturi), 37% calcio, 22% ferro, 19% magnesio, 12% vitamina A, 34% vitamina D, 44% vitamina B1, 66% vitamina B2, 25% vitamina B5, 11% vitamina B6, 24% vitamina B12.

12. Salmone affumicato e avocado con toast

Sei in per un allenamento duro e con tempi stretti? Ci vogliono solo 5 minuti per mettere insieme questa colazione salata. Sia il salmone che l'avocado sono ricchi di acidi sani e questo pasto ha abbastanza proteine e carboidrati per tenerti motivato.

Ingredienti(2 porzioni):

300g di salmone affumicato

2 avocado medi maturi, pelati e tagliati

Succo di ½ limone

Una manciata di foglie di dragoncello, tritate

2 fette di pane integrale, tostato

Tempo di preparazione: 5 min

No Tempo di cottura

Preparazione:

Taglia l'avocado a pezzetti e mescola il succo di limone. Torci e piega i pezzi di salmone affumicato, mettili nei piatti, poi cospargi di avocado e dragoncello. Servi con pane di grano intero.

Valori nutrizionali per porzione: 550kcal, 34g proteine, 37g carboidrati (12g fibre, 4g zuccheri), 30g grassi (5g saturi), 17% ferro, 24% magnesio, 25% vitamina C, 27% vitamina E, 42% vitamina K, 16% vitamina B1, 24% vitamina B2, 55% vitamina B3, 35% vitamina B5, 40% vitamina B6, 35% vitamina B9, 81% vitamina B12.

13. Colazione 'Pizza'

Dimentica l'alto contenuto calorico, e le fette di pizza poco nutrienti, e sostituiscili con questo delizioso pasto. Sano e abbondante, ci vogliono solo 20 minuti per prepararlo e non solo ha un alto contenuto di proteine, ma anche di minerali e vitamine.

Ingredienti(1 porzione):

1 piccolo pita di grano intero

3 albumi

1 uovo

¼ tazza di mozzarella con basso contenuto di grassi

1 cipollotto, affettato

¼ tazza funghi, a dadini

¼ tazza peperoni, a dadini

2 fette di pancetta di tacchino, tritata

1 cucchiaio olio di oliva

Sale e pepe

Tempo di preparazione: 10 min

Tempo di cottura: 10 min

Preparazione:

Frulla le uova con un pizzico di sale e pepe e aggiungi le verdure tagliate a cubetti.

Piega i bordi del pane pita per creare una ciotola. Spennella entrambi i lati con l'olio d'oliva e metti il pane pita sulla griglia, lato cupola verso il basso. Cuoci fino a doratura poi capovolgi sul lato opposto.

Versa l'uovo mescola nella pita e cuoci fino a quando l'uovo è sono quasi fatto, aggiungi la pancetta di tacchino, la cipolla ed il formaggio. Cuoci fino a quando il formaggio si sarà sciolto e servi.

Valori nutrizionali per porzione: 350kcal, 33g proteine, 12g carboidrati (3g fibre, 4g zuccheri), 15g grassi (6 saturi), 32% calcio, 19% ferro, 15% magnesio, 36% vitamina A, 88% vitamina C, 72% vitamina K, 21% vitamina B1, 71% vitamina B2, 22% vitamina B3, 14% vitamina B5, 21% vitamina B6, 25% vitamina B9, 29% vitamina B12.

14. Colazione moka messicana

Riempi la tua tazza con l'avena che preferisci e una sana porzione di latte di mandorle e goditi una rapida colazione ricca di fibre. Il pepe di Caienna è perfetto per aggiungere un po' di grinta alla tua farina d'avena.

Ingredienti(1 porzione):

½ tazza farina d'avena

1 misurino di proteine in polvere al cioccolato

½ cucchiaio di cannella

½ cucchiaino di pepe di Cayenna

1 tazza di latte di mandorle non zuccherato

1 cucchiaio di cacao in polvere non zuccherato

Tempo di preparazione: 5 min

Tempo di cottura: 3 min

Preparazione:

Mescola tutti gli ingredienti in una ciotola nel forno a microonde. Riscalda nel forno a microonde per 2 ½ -3 minuti, quindi servi.

Valori nutrizionali per porzione: 304kcal, 27g proteine, 38g carboidrati (8g fibre, 3g zuccheri), 7g grassi, 32% calcio, 15% ferro, 25% magnesio, 10% vitamina A, 25% vitamina D, 51% vitamina E, 12% vitamina B1.

15. Frittelle di mirtilli e limone

Una calda, saziante colazione, questa frittella di mirtilli arricchita dal sapore del limone è un modo semplice e gustoso per ottenere quel pasto ad alta potenza di cui hai bisogno per iniziare la giornata. Stendi un cucchiaio di yogurt greco in cima alla tua frittella, se vuoi.

Ingredienti(1 porzione):

1/3 tazza crusca di avena

5 albumi

½ tazza di mirtilli

1 misurino di proteine del siero del latte in polvere senza gusto

½ cucchiaino bicarbonato di sodio

1 cucchiaino scorza di limone grattugiata

1 cucchiaio limonata

uno spruzzo di olio d'oliva

Tempo di preparazione: 5 min

Tempo di cottura: 5 min

Preparazione:

Unisci tutti gli ingredienti in una grande ciotola, mescola e frulla fino a renderli una crema.

Cuoci l'impasto in una padella spruzzata di olio a temperatura medio-alta finché si formeranno delle bolle in superficie. Capovolgi e cuoci fino a rendere dorato ogni lato. Togli il pancake e servi.

Valori nutrizionali per porzione: 340kcal, 47g proteine, 37g carboidrati (6g fibre, 14g zuccheri), 5g grassi, 10% ferro, 25% magnesio, 12% vitamina C, 19% vitamina K, 26% vitamina B1, 58% vitamina B2.

PRANZO

16. Riso mediterraneo

Versa il tonno in lattina su un piatto delizioso come antipasto perfetto per un pomeriggio di allenamenti. L'elevata quantità di carboidrati ti sosterrà in un allenamento completo e le proteine faranno in modo che i tuoi muscoli recuperino velocemente dopo lo sforzo.

Ingredienti(1 porzione):

1 vasetto di tonno sott'olio, scolato

100g riso integrale

¼ avocado, tritato

¼ cipolla rossa, a fette

succo di mezzo limone

Sale e pepe

Tempo di preparazione: 5 min

Tempo di cottura: 20 min

Preparazione:

Fai bollire il riso integrale per circa 20 minuti e mettilo nel frullatore con la cipolla, il tonno e l'avocado. Aggiungi il succo del limone e frulla tutti gli ingredienti. Aggiusta di sale e pepe e servi.

Valori nutrizionali per porzione: 590kcal, 32g proteine, 80g carboidrati (7g fibre, 1g zuccheri), 14g grassi (5g saturi), 22% ferro, 52% magnesio, 101% vitamina D, 18% vitamina E, 107% vitamina K, 32% vitamina B1, 134% vitamina B3, 26% vitamina B5, 39% vitamina B6, 15% vitamina B9, 63% vitamina B12.

17. Pollo speziato

Il pollo è perfetto per un pasto ad elevato contenuto di proteine per la costruzione del muscolo. Ad alto contenuto di nutrienti su tutta la linea, questo semplice, gustoso pasto può essere accompagnato da una porzione di carboidrati a scelta.

Ingredienti(2 porzioni):

3 polli disossati tagliati a metà

175g yogurt magro

5cm di cetriolo, finemente tritato

2 cucchiai pasta di curry rosso

2 cucchiai di coriandolo, tritato

2 tazze spinaci, da servire.

Tempo di preparazione: 5 min

Tempo di cottura: 35-40 min

Preparazione:

Preriscalda il forno a 190C ventilato / gas 5. Metti il pollo in un piatto in un unico strato. Frulla un terzo dello yogurt, la pasta di curry e due terzi del coriandolo, aggiungi il sale e versa sopra il pollo, facendo attenzione che la carne sia uniformemente rivestita. Lascia agire per 30 minuti (o durante la notte in frigorifero).

Metti il pollo sulla griglia in una teglia per 35-40 minuti, fino a doratura.

Scalda l'acqua in una pentola e fai appassire gli spinaci.

Mescola il resto dello yogurt e coriandolo, aggiungi il cetriolo e mescola. Versa il composto sopra il pollo e servi con gli spinaci cotti.

Valori nutrizionali per porzione: 275kcal, 43g proteine, 8g carboidrati (1g fibre, 8g zuccheri), 3g grassi (1g saturi), 20% calcio, 15% ferro, 25% magnesio, 56% vitamina A, 18% vitamina C, 181% vitamina K, 16% vitamina B1, 26% vitamina B2, 133% vitamina B3, 25% vitamina B5, 67% vitamina B6, 19% vitamina B9, 22% vitamina B12.

18. Uova ripiene con pane Pita

Fai il pieno di acidi grassi omega-3 con questo ricco piatto di salmone. Ad alto contenuto di vitamine e minerali, questo pasto abbondante è un ottimo modo di aiutare se stessi con l'energia e l'alimentazione per affrontare la giornata.

Ingredienti(2 porzioni):

1 salmone in scatola al naturale (450g)

2 uova

1 grande cipollotto, finemente tritato

2 grandi foglie di lattuga

10 pomodorini

1 cucchiaio di yogurt greco

un grande panino integrale tipo pita, tagliato a metà

Sale marino e pepe

Tempo di preparazione: 10 min

Tempo di cottura: 10 min

Preparazione:

Fai bollire le uova, togli il guscio e tagliale a metà, rimuovi il tuorlo e mettilo nel frullatore.

Aggiungi il salmone in scatola, 1 cucchiaio di yogurt, il cipollotto e i condimenti nel frullatore. Mescola tutto assieme e farcisci gli albumi.

Servi con il pane pita riempito di lattuga e pomodorini.

Valori nutrizionali per porzione: 455kcal, 45g proteine, 24g carboidrati (3g fibre, 2g zuccheri), 36g grassi (10g saturi), 59% calcio, 22% ferro, 21% magnesio, 30% vitamina A, 24% vitamina C, 43% vitamina K, 11% vitamina B1, 36% vitamina B2, 60% vitamina B3, 20% vitamina B5, 41% vitamina B6, 20% vitamina B9, 20% vitamina B12.

19. Involtini di pollo alla cesare

Con questi involtini di pollo farai un pasto pratico e ottimo che ti farà mantenere alti i livelli di proteine per tutta la giornata. Aggiungi anche un po' di spinaci per fare un pasto ancora più salutare.

Ingredienti(1 porzione):

85 g di petto di pollo, cotto

2 tortillas di grano integrale

1 tazza di lattuga

50g yogurt senza grassi

1 cucchiaino di pasta di acciughe

1 cucchiaino di senape in polvere secca

1 spicchio d'aglio, cotto

½ cetriolo medio, tritato

Tempo di preparazione: 5 min

Nessuna cottura

Preparazione:

Unire la pasta di acciughe, aglio e yogurt poi mescola e cospargi con lattuga e cetrioli. Dividi il composto in 2, aggiungi le tortillas e poi metti la metà del pollo in ogni tortilla. Avvolgi e servi.

Valori nutrizionali per porzione (2 tortillas): 460kcal, 41g proteine, 57g carboidrati (7g fibre, 9g zuccheri), 10g grassi (2g saturi), 11% calcio, 22% vitamina K, 13% vitamina B2, 59% vitamina B3, 12% vitamina B5, 29% vitamina B6, 10% vitamina B12.

20. Salmone affumicato con asparagi grigliati

Un piatto classico, reso più interessante da una marinata di succo di limone e senape, questo salmone alla griglia va bene con le punte di asparagi all'aglio. Concediti una grande combinazione di proteine e vitamine.

Ingredienti(1 porzione):

140g salmone selvatico

1 ½ tazza di asparagi

Marinata:

1 cucchiaio di aglio, tritato

1 cucchiaio di senape di Digione

succo di mezzo limone

1 cucchiaino di olio d'oliva

Tempo di preparazione: 5 min

Tempo di cottura: 15 min

Preparazione:

Preriscalda il forno a 200C ventilato/ gas 6.

In un frullatore, mescola il succo di limone, mezzo aglio, olio di oliva e senape, metti la marinata sopra il salmone ed assicurati che ne sia completamente coperto. Metti il salmone marinato a riposare per non meno di un'ora.

Taglia l'ultimo pezzo dei bambi degli asparagi. Metti sul fuoco una padella antiaderente a medio / alto calore, metti a rosolare gli asparagi con l'aglio rimasto per circa 5 minuti, girandoli su tutti i lati.

Metti il salmone su una teglia e cuoci per 10 minuti poi servi con gli asparagi alla griglia.

Valori nutrizionali: 350kcal, 43g proteine, 7g carboidrati (5g fibre, 1 g zuccheri), 16g grassi (1 saturi), 17% ferro, 20% magnesio, 48% vitamina A, 119% vitamina C, 17% vitamina E, 288% vitamina K, 39% vitamina B1, 60% vitamina B2, 90% vitamina B3, 33% vitamina B5, 74% vitamina B6, 109% vitamina B9, 75% vitamina B12.

21. Pasta con Polpette di carne di manzo e spinaci

Un piatto di pasta con alto contenuto proteico che accoppia la carne di manzo e gli spinaci. Non solo è un piatto con vitamine a tutto tondo, ma contiene anche una quantità abbondante di magnesio, che aiuta a regolare la contrazione muscolare.

Ingredienti(2 porzioni):

Per le polpette:

170g carne macinata magra

½ tazza spinaci, tagliuzzate

1 cucchiaio di aglio tritato

¼ di tazza di cipolla rossa, tagliata a dadini

1 cucchiaino di cumino

Sale marino e pepe

Per la Pasta:

100 g di pasta di grano agli spinaci

10 pomodorini

2 Tazze spinaci

¼ tazza marinara

2 cucchiai di parmigiano a basso contenuto di grassi

Tempo di preparazione: 15 min

Tempo di cottura: 30 min

Preparazione:

Preriscalda il forno a 200C/ gas 6.

Mescola la carne macinata, spinaci, aglio, cipolla rossa e sale e pepe a piacere. Mescola bene con le mani fino a quando gli spinaci sono completamente mescolati nella carne.

Forma due o tre polpette, più o meno delle stesse dimensioni poi mettile su una teglia nel forno per 10-12 minuti.

Cuoci la pasta secondo le istruzioni sulla confezione. Scola la pasta e manteca con il pomodoro, spinaci e formaggio. Aggiungi le polpette e servi.

Valori nutrizionali per porzione: 470kcal, 33g proteine, 50g carboidrati (6g fibre, 5g zuccheri), 12g grassi (5g saturi), 17% calcio, 28% ferro, 74% magnesio, 104% vitamina A,

38% vitamina C, 11% vitamina E, 361% vitamina K, 16% vitamina B1, 20% vitamina B2, 45% vitamina B3, 11% vitamina B5, 45% vitamina B6, 35% vitamina B9, 37% vitamina B12.

22. Petto di Pollo farcito con Riso integrale

Il Riso integrale è un ottimo modo per introdurre carboidrati di qualità per la tua dieta. Assieme alle molte proteine contenute nel petto di pollo e alcune verdure avrai un delizioso pranzo energetico.

Ingredienti(1 porzione):

170g di petto di pollo

½ tazza spinaci

50g riso integrale

1 Cipollotto, tagliato a dadini

1 pomodoro, fette

1 cucchiaio di formaggio feta

Tempo di preparazione: 10 min

Tempo di cottura: 30 min

Preparazione:

Preriscalda il forno a 190C ventilato / gas 5.

Taglia il petto di pollo dal basso al centro per farlo sembrare una farfalla. Condisci il pollo con Sale e pepe, poi aprilo e mettici uno strato di spinaci, formaggio feta e fette di pomodoro su un lato. Piega il petto di pollo e utilizza uno stuzzicadenti per tenerlo chiuso poi cuoci per 20 min.

Fai bollire il riso integrale quindi aggiungi l'aglio tritato e la cipolla. Riempi un piatto con riso integrale, mettici sopra il pollo e servi.

Valori nutrizionali per porzione: 469kcal, 48g proteine, 46g carboidrati (5g fibre, 6g zuccheri), 8g grassi (5g saturi), 22% calcio, 18% ferro, 38% magnesio, 55% vitamina A, 43% vitamina C, 169% vitamina K, 28% vitamina B1, 28% vitamina B2, 103% vitamina B3, 28% vitamina B5, 70% vitamina B6, 23% vitamina B9, 17% vitamina B12.

23. Linguine in insalata con gamberi e zucchine

Un finto piatto di pasta con una porzione di zucchine e gamberetti triturati al vapore conditi con i semi di sesamo. Questa combinazione di ingredienti crea un pranzo leggero con un alto contenuto di proteine.

Ingredienti(1 porzione):

170g di gamberetti al vapore

1 grande zucchine, tritate

¼ tazza Cipolla Rossa, a fette

1 tazza peperoni, a fette

1 cucchiaio di burro arrostito Tahini

1 cucchiaino di olio di sesamo

1 cucchiaino di semi di sesamo

Tempo di preparazione: 10 min

Nessuna cottura

Preparazione:

Tagliare le zucchine con un trituratore per dare la forma delle linguine.

In una ciotola, mescola il tahini e l'olio di sesamo.

Metti tutto gli ingredienti una grande ciotola, versa la salsa Tahini e spargila per assicurarsi che tutti i lati siano coperti di salsa. Cospargi un po' con semi di sesamo e servi.

Valori nutrizionali per porzione: 420kcal, 45g proteine, 26g carboidrati (10g fibre, 12g zuccheri), 18g grassi (2g saturi), 19% calcio, 47% ferro, 48% magnesio, 33% vitamina A, 303% vitamina C, 17% vitamina E, 31% vitamina K, 38% vitamina B1, 36% vitamina B2, 38% vitamina B3, 13% vitamina B5, 66% vitamina B6, 35% vitamina B9, 42% vitamina B12.

24. Polpettone di tacchino con couscous di grano

Cotto in una teglia per muffin, questo polpettone di tacchino riesce a ridurre al minimo l'assunzione Grassi saturi. Mescola un po' aggiungendo peperone e funghi al posto di cipolla nelle polpette e condisci con un pizzico di aglio.

Ingredienti(1 porzione):

140g carne magra di tacchino

¾ tazza di cipolle rosse, a dadini

1 tazza spinaci

1/3 tazza salsa alla marinara poco salata

½ tazza di couscous di grano, bollito

scelta di condimento tra: prezzemolo, basilico, coriandolo

pepe, sale

uno spruzzo di olio d'oliva

Tempo di preparazione: 5 min

Tempo di cottura: 20 min

Preparazione:

Preriscalda il forno a 200C ventilato / gas 6.

Marina il tacchino con il condimento a tua scelta e aggiungi le cipolle tagliate a dadini.

Spruzza il tuo stampo con olio d'oliva, metti il tacchino sul fondo con le verdure. Metti sopra ogni polpetta di tacchino 1 cucchiaio salsa marinara, quindi inserisci nel forno e cuoci per 8-10 minuti.

Servi con couscous.

Valori nutrizionali per porzione: 460kcal, 34g proteine, 53g carboidrati (4g fibre, 7g zuccheri), 12g grassi (4g saturi), 12% calcio, 15% ferro, 10% magnesio, 16% vitamina A, 15% vitamina C, 11% vitamina E, 16% vitamina K, 11% vitamina B1, 25% vitamina B3, 16% vitamina B6, 11% vitamina B9.

25. Hamburger di tonno ed Insalata

L'hamburger di tonno è ad alto contenuto di proteine e carboidrati, che lo rende una scelta eccellente per un pasto in un giorno di allenamento. Risolvi il problema in modo diverso ogni volta e rendilo interessante scambiando le verdure e il tuo condimento per l'insalata.

Ingredienti(1 porzione):

1 confezione di tonno in scatola (165g)

1 albume

½ tazza di funghi tritati

2 Tazze lattuga, tagliuzzate

¼ tazza di avena secca

1 cucchiaino di olio d'oliva

1 cucchiaio di condimento magro (quello che preferisci)

Un mazzetto di origano, tritato

1 rotolo medio di grano tagliato a metà

Tempo di preparazione: 10 min

Tempo di cottura: 10 min

Preparazione:

Mescola l'albume, il tonno, l'avena a secco, l'origano e formare un tortino.

Scalda l'olio in una padella antiaderente a fuoco medio, metti la pastella e poi capovolgila per assicurarsi che la cottura avvenga su entrambi i lati.

Taglia l'intero rotolo di grano a metà, in senso orizzontale, posiziona la pastella tra i 2 pezzi.

Mescola le verdure in una ciotola, aggiungi il condimento e servi accanto all' hamburger di tonno.

Valori nutrizionali per porzione: 560kcal, 52g proteine, 76g carboidrati (13g fibre, 7g zuccheri), 10g grassi (1g saturi), 11% calcio, 35% ferro, 38% magnesio, 16% vitamina A, 16% vitamina K, 35% vitamina B1, 33% vitamina B2, 24% vitamina B3, 28% vitamina B5, 41% vitamina B6, 21% vitamina B9, 82% vitamina B12.

26. Spiedini piccanti di manzo

Questo kebab piccante viene servito con un contorno di patate al forno, rendendolo non solo un pasto adatto alla costruzione del muscolo, ma anche un ottimo modo per migliorare la vista con la vitamina A nella tua dieta. Aggiungi un cucchiaio di yogurt a basso contenuto di grassi sulle patate per renderlo più rinfrescante.

Ingredienti(1 porzione):

140g polpa di manzo bistecca fianco

200g di Patata dolce

1 peperone, tritato

½ zucchine medie, tritate

aglio tritato

pepe, sale

Tempo di preparazione: 15 min

Tempo di cottura: 55 minuti

Preparazione:

Preriscalda il forno a 200C ventilato / gas 6. Avvolgi la patata dolce in un foglio, mettila in forno e cuoci per 45 min.

Taglia la bistecca in piccoli pezzi, condisci con sale, pepe e aglio. Monta il kebab, alternando manzo, zucchine e peperone.

Posiziona il kebab su una teglia e cuoci per 10 min. Servi con la patata dolce.

Valori nutrizionali per porzione: 375kcal, 38g proteine, 49g carboidrati (9g fibre, 12g zuccheri), 4g grassi (1g saturi), 24% ferro, 27% magnesio, 581% vitamina A, 195% vitamina C, 21% vitamina K, 22% vitamina B1, 28% vitamina B2, 61% vitamina B3, 28% vitamina B5, 92% vitamina B6, 20% vitamina B9, 30% vitamina B12.

27. Trota con patate in insalata

Hai paura di avere una carenza di vitamina B12? Allora prova questa abbondante porzione di trote, assieme ad una nutriente e ricca di vitamine insalata fresca di patate.

Ingredienti(2 porzioni):

2 * 140g filetti di trota

Patate 250g di polpa, dimezzate

4 cucchiaini di yogurt

4 cucchiaini di maionese magra

1 Cucchiaio di capperi, sciacquati

4 piccoli cornichons, a fette

2 cipollotti, Finemente affettati

¼ di cetriolo, tagliati a dadini

1 limone, la scorza di ½

Tempo di preparazione: 10 min

Tempo di cottura: 20 min

Preparazione:

Lessa le patate in acqua salata per 15 Minuti fino a quando sono leggermente tenere. Scola e sciacqua sotto l'acqua fredda, poi asciugale di nuovo.

Scalda il grill.

Mescola la maionese e yogurt e condisci con un po' di succo di limone. Mescola la miscela nelle patate con i capperi, la maggior parte delle cipolle, cetrioli e cetriolini. Cospargi l'insalata con il resto delle cipolle.

Condisci la trota, griglia su una teglia, la pelle rivolta verso il basso, fino a renderla abbastanza cotta. Cospargi con la scorza di limone e servi con l'insalata di patate.

Valori nutrizionali per porzione: 420kcal, 38g proteine, 28g carboidrati (3g fibre, 6g zuccheri), 13g grassi (3g saturi), 12% calcio, 11% ferro, 22% magnesio, 29% vitamina C, 59% vitamina K, 21% vitamina B1, 18% vitamina B2, 12% vitamina B3, 22% vitamina B5, 43% vitamina B6, 18% vitamina B9, 153% vitamina B12.

28. Chili di fagioli messicani

Con un alto contenuto di proteine per un pasto di mezzogiorno, questo piatto è un ottimo modo per ottenere 1/3 della quantità necessaria giornaliera di fibra. Anche se ha già abbastanza nutrienti per essere un pasto stand-alone, può anche essere servito sopra un letto di riso integrale.

Ingredienti(2 porzioni):

250g carne macinata

200g fagioli in scatola

75ml brodo di carne

½ cipolla, tagliata a dadini

½ peperone rosso a dadini

1 cucchiaino di pasta chipotle

1 cucchiaino di olio d'oliva

½ cucchiaino di peperoncino in polvere

1 tazza riso integrale, bollito (facoltativo)

foglie di coriandolo, per guarnire

Tempo di preparazione: 5 min

Tempo di cottura: 45 min

Preparazione:

Scalda l'olio in una padella antiaderente a fuoco medio quindi soffriggi la cipolla e peperoncino fino ad ammorbidirli. Aumenta la fiamma e aggiungere la polvere di peperoncino e cuoci per 2 Minuti prima di aggiungere la carne macinata. Cuoci fino a doratura e quando tutto il liquido sarà evaporato.

Inserisci nel brodo di manzo, i fagioli al forno e la pasta chipotle. Fai bollire a fuoco lento per 20 minuti, poi togli dal fuoco, cospargi di foglie di coriandolo e servi con il riso bollito.

Valori nutrizionali per porzione (senza riso): 402kcal, 34g proteine, 19g carboidrati (5g fibre, 10g zuccheri), 14g grassi (5g saturi), 29% ferro, 15% magnesio, 42% vitamina C, 11% vitamina B1, 16% vitamina B2, 34% vitamina B3, 40% vitamina B6, 18% vitamina B9, 52% vitamina B12.

½ tazza di riso: 108kcal

29. Tagliatelle con manzo e broccoli

Un comodo, gustoso piatto, le tagliatelle di manzo e broccoli richiedono solo 20 Minuti di preparazione, e le rende la scelta ideale per una giornata impegnativa. Le puoi servire con un paio di fette di peperoncino rosso per un po' di pepe in più.

Ingredienti(2 porzioni):

2 Tazze uovo tagliatelle

200g di manzo a striscioline

1 cipollotto, affettato

½ testa di broccoli, piccoli fiorellini

1 cucchiaino di olio di sesamo

Per la salsa:

1 ½ cucchiaio di salsa di soia poco salata

1 cucchiaino di ketchup

1 spicchio d'aglio, schiacciato

1 cucchiaio di salsa di ostriche

¼ pizzico di zenzero, Finemente grattugiato

1 cucchiaino di aceto di vino bianco

Tempo di preparazione: 10 min

Tempo di cottura: 10 min

Preparazione:

Mescola gli ingredienti per la salsa. Lessa la pasta secondo le istruzioni del pacchetto. Inserisci i broccoli quando è quasi pronta. Lascia insaporire per qualche minuto, quindi scola la pasta e i broccoli.

Scalda l'olio in un wok fino a renderlo molto caldo quindi soffriggi la carne per 2-3 minuti fino a doratura. Aggiungi la salsa, mescola e lascia sobbollire per qualche minuto poi spegni il fuoco.

Mescola la carne bovina nelle tagliatelle, cospargi con il cipollotto e servi subito.

Valori nutrizionali per porzione: 352kcal, 33g proteine, 39g carboidrati (5g fibre, 5g zuccheri), 9g grassi (2g saturi), 20% ferro, 20% magnesio, 20% vitamina A, 224% vitamina C, 214% vitamina K, 14% vitamina B1, 19% vitamina B2, 43% vitamina B3, 18% vitamina B5, 50% vitamina B6, 31% vitamina B9, 23% vitamina B12.

30. Merlano avvolto nella pancetta con patate

Questa degustazione fresca e leggera fornisce un sacco di energia ed è ad alto contenuto di proteine, che la rende una scelta ideale per un pasto del mezzogiorno. Il merlano può essere sostituito con un altro pesce bianco simile, mentre le olive possono essere sostituite da pomodori secchi.

Ingredienti(2 porzioni):

2 * 140g filetti di merlano

4 fette di pancetta

300g patate novelle

100g di Fagiolini

30g di Olive kalamata

il succo e la scorza di 1 limone

2 cucchiai di olio d'oliva

qualche rametto di dragoncello, foglie

Tempo di preparazione: 10 min

Tempo di cottura 15 min

Preparazione:

Scalda il forno a 200C ventilato / gas 6. Fai bollire le patate per 10-12 Minuti finché sono tenere, aggiungi i fagiolini per gli ultimi 2-3 min. Scola bene, taglia le patate a metà e adagiale in una teglia. Mescola con le olive, scorza di limone e l'olio e fai riposare.

Condisci il pesce e avvolgilo con la pancetta poi mettilo sopra le patate. Cuoci in forno per 10-12 Minuti fino a cottura completa, quindi aggiungi il succo di limone, cospargi con dragoncello e servi.

Valori nutrizionali per porzione: 525kcal, 46g proteine, 36g carboidrati (5g fibre, 3g zuccheri), 31g grassi (8g saturi), 10% ferro, 31% magnesio, 63% vitamina C, 18% vitamina K, 15% vitamina B1, 13% vitamina B2, 14% vitamina B3, 25% vitamina B6, 73% vitamina B12.

CENA

31. Sushi in ciotola

Una ciotola di sushi a basso contenuto calorico che sostituisce il riso, con il cavolfiore condito con aglio, salsa di soia e succo di lime per un gusto in più. Utilizza i fogli di alga per avvolgere i cavolfiori ed il salmone per fare un mini rullo.

Ingredienti(2 porzioni):

170g di salmone affumicato

1 avocado di medie dimensioni

½ testa di cavolfiore, cotta a vapore e tritata

1/3 tazza di carote, tagliuzzate

½ cucchiaino di cayenna

1.2 cucchiaino di aglio in polvere

1 cucchiaio di salsa di soia con poco sale

2 fogli di alghe

Succo di ½ lime

Tempo di preparazione: 10 min

Nessuna cottura

Preparazione:

Metti il cavolfiore, carote, salsa di soia, aglio, succo di lime e pepe di Caienna in un robot da cucina. Arresta la miscelazione prima che l'impasto risulti una crema. Servi accanto ai fogli di salmone e alghe.

Valori nutrizionali per porzione: 272kcal, 20g proteine, 13g carboidrati (7g fibre, 4g zuccheri), 16g grassi (1g saturi), 10% ferro, 14% magnesio, 73% vitamina A, 88% vitamina C, 13% vitamina E, 40% vitamina K, 18% vitamina B1, 15% vitamina B2, 31% vitamina B3, 21% vitamina B5, 31% vitamina B6, 26% vitamina B9, 45% vitamina B12.

32. Pollo in agrodolce

Il pollo in agrodolce è una deliziosa ricetta semplice che ha un posto d'onore in ogni cucina per gli sportivi. Ha un alto contenuto di proteine e vitamine e ben si sposa con fiori di broccoli al vapore.

Ingredienti(2 porzioni):

300g di Petti di pollo tagliati a bocconcini

1 cucchiaino di aglio sale

¼ tazza brodo di pollo con poco sale

¼ di tazza di aceto bianco

¼ dolcificante non calorico

¼ cucchiaino di pepe nero

1 cucchiaino di salsa di soia con poco sale

3 cucchiaini di Ketchup con pochi zuccheri

maranta

400g fiori di broccoli al vapore

Tempo di preparazione: 10 min

Tempo di cottura 15 min

Preparazione:

Metti il pollo in una grande ciotola e condisci con l'aglio, pepe e sale, cercando di ricoprire tutto. Cuoci il pollo a fuoco medio / alto fino a cottura.

Nel frattempo, metti insieme il brodo di pollo, dolcificante, aceto, ketchup e salsa di soia in una casseruola, porta la miscela ad ebollizione e gira a fuoco basso. Aggiungi la maranta un po' alla volta e sbatti energicamente. Mescola per qualche minuto.

Versa la salsa sul pollo cotto e servi con broccoli al vapore a parte.

Valori nutrizionali per porzione: 250kcal, 40g proteine, 14g carboidrati (6g fibre, 4g zuccheri), grassi 2g, 11% calcio, 14% ferro, 20% magnesio, 24% vitamina A, 303% vitamina C, 254% vitamina K, 17% vitamina B1, 21% vitamina B2, 90% vitamina B3, 24% vitamina B5, 58% vitamina B6, 33% vitamina B9.

33. Hummus all'aglio

Ci vogliono sono 5 minuti per preparare questo salutare e delizioso pasto. È pieno zeppo di magnesio e dispone di una discreta quantità di proteine considerando la ricetta è senza carne. Prendi una tortilla di grano intero e prepara questo piatto.

Ingredienti(3 porzioni):

1 * 400g di ceci in scatola (salva 1/4 del liquido)

¼ tazza di tahini

¼ di tazza di succo di limone

1 spicchio d'aglio

1 cucchiaio di olio d'oliva

¼ di cucchiaino di zenzero in polvere

¼ cucchiaino di cumino macinato

2 cipollotti, finemente tritati

1 pomodoro, tritato

Tempo di preparazione: 5 min

Nessuna cottura

Preparazione:

Inserisci i ceci, liquido, tahini, succo di limone, olio d'oliva, aglio, cumino e zenzero in un robot da cucina e frulla fino a farli diventare una crema.

Incorpora il pomodoro e lo scalogno e condisci con sale e pepe. Servi accanto a fette di peperone.

Valori nutrizionali per porzione: 324kcal, 11g proteine, 21g carboidrati (7g fibre, 1g zuccheri), 17g grassi (2g saturi), 22% calcio, 54% ferro, 135% magnesio, 10% vitamina A, 12% vitamina C, 33% vitamina K, 122% vitamina B1, 12% vitamina B2, 44% vitamina B3, 11% vitamina B5, 12% vitamina B6, 40% vitamina B9.

34. Pollo con ananas e peperoni

Prenditi una pausa dalle solite ricette di pollo e prova questa versione con il dolce ananas fresco. Ad alto contenuto di vitamina B3 e proteine, questo pasto è anche una fonte importante di carboidrati. Per variare, è possibile sostituire il riso con la quinoa.

Ingredienti(1 porzione):

140g di petto di pollo disossato

1 cucchiaio di senape

½ tazza di ananas fresco tagliato a dadini

½ tazza di peperoni a dadini

50g riso integrale

Una spruzzata di Olio di cocco

1 cucchiaino di cumino

Sale e pepe

Tempo di preparazione: 5 min

Tempo di cottura: 15 minuti

Preparazione:

Taglia il pollo a pezzetti poi strofina la senape sui pezzi e condisci con sale, pepe e cumino.

Metti una padella a fuoco medio e ungi leggermente con olio di cocco, aggiungi il pollo e cuoci su tutti i lati. Quando il pollo è quasi finito, alza il fuoco e getta dei pezzi di ananas e peperoni, cucina e fai in modo che tutti i lati siano marroni. Questo dovrebbe prenderti 3-5 min.

Fai bollire il riso integrale e servi accanto al pollo.

Valori nutrizionali per porzione: 377kcal, 37g proteine, 50g carboidrati (6g fibre, 10g zuccheri), 1g grassi, 12% ferro, 33% magnesio, 168% vitamina C, 26% vitamina B1, 13% vitamina B2, 96% vitamina B3, 22% vitamina B5, 65% vitamina B6, 10% vitamina B9.

35. Frullato di proteine in stile messicano

Concediti una pausa a base di carne e metti questi ingredienti assieme per una gustosa alternativa al solito. È possibile saltare i grassi fritti e calorie malsane e ottenere comunque il sapore di un pasto messicano.

Ingredienti:

1/3 tazza di fagioli neri bolliti

½ tazza riso integrale cotto

2 cucchiai di salsa

¼ di avocado, tagliato

Tempo di preparazione: 5 min

Nessuna cottura

Preparazione:

Frulla assieme tutti gli ingredienti e servi.

Valori nutrizionali per porzione: 307kcal, 11g proteine, 48g carboidrati (11g fibre, 1g zuccheri), 7g grassi (1g zuccheri), 26% magnesio, 13% vitamina K, 16% vitamina B1, 11% vitamina B3, 17% vitamina B6, 30% vitamina B9.

36. Insalata di pollo e rucola

Le foglie di rucola aggiungono una certa soddisfazione a questa insalata dolce e super sana. L'abbondanza di verdure e una fonte di proteine di qualità, in questo pasto possono arricchirsi di semplice condimento di yogurt a basso contenuto di grassi e aglio.

Ingredienti(1 porzione):

120g di petto di pollo

5 carote, tritate

¼ di cavolo rosso, tritato

½ tazza rucola

1 Cucchiaio di semi di girasole

1 cucchiaino di olio d'oliva

Tempo di preparazione: 10 min

Tempo di cottura: 10 min

Preparazione:

Taglia il pollo a cubetti delle dimensioni di un boccone. Scalda l'olio in una padella antiaderente e friggi il pollo fino a quando non è cotto. Metti da parte e fai raffreddare.

Metti le carote, rucola e cavolo in una grande ciotola. Guarnisci l'insalata con il pollo e semi di girasole raffreddati e servi.

Valori nutrizionali per porzione: 311kcal, 30g proteine, 9g carboidrati (1g fibre), 13g grassi (1g saturi), 11% ferro, 22% magnesio, 150% vitamina A, 25% vitamina C, 29% vitamina E, 32% vitamina K, 23% vitamina B1, 10% vitamina B2, 72% vitamina B3, 11% vitamina B5, 49% vitamina B6, 17% vitamina B9.

37. Halibut con senape di Dijon

Questo pasto di halibut piccante è un modo veloce e facile, per avere una dose abbondante di proteine. È a basso contenuto di carboidrati e con alto contenuto di vitamine, scelta perfetta per la cena. Il basso contenuto calorico permette di raddoppiare la salsa se ti sentirai indulgente.

Ingredienti(2 porzioni):

220g di halibut

¼ di cipolla, tagliata a dadini

1 peperone rosso a dadini

1 spicchio d'aglio

1 cucchiaio di senape di Digione

1 cucchiaino di salsa Worcester

1 cucchiaino di olio d'oliva

succo di 1 limone

un mazzetto di prezzemolo

2 grandi carote tagliate a bastoncini

1 tazza di fiori di broccoli

1 tazza di funghi, affettati

Tempo di preparazione: 10 min

Tempo di cottura: 20 min

Preparazione:

Metti il peperone rosso, aglio, prezzemolo, senape, cipolla salsa Worcester, succo di limone e olio d'oliva in un robot da cucina.

Metti il pesce, salsa e il resto delle verdure in un grande sacchetto adatto alla cottura. Cuoci in forno a 190C ventilato / gas 5 per 20 minuti e servi.

Valori nutrizionali per porzione: 225kcal, 33g proteine, 12g carboidrati (3g fibre, 5g zuccheri), 5g grassi (1g saturi), 11% calcio, 10% ferro, 35% magnesio, 180% vitamina A, 77% vitamina C, 71% vitamina K, 13% vitamina B1, 19% vitamina B2, 51% vitamina B3, 14% vitamina B5, 34% vitamina B6, 15% vitamina B9, 25% vitamina B12.

38. Pollo cotto in vassoio

Veloce, facile e gustoso, questo piatto può essere un'idea estiva nella tua cucina con accompagnamento di pomodorini. Il pesto aggiunge un sapore fresco per un petto di pollo condito in modo semplice.

Ingredienti(2 porzioni):

300g di petto di pollo

300g pomodorini

2 cucchiai di pesto

1 cucchiaio di olio d'oliva

sale, pepe

Tempo di preparazione: 5 min

Tempo di cottura: 15 min

Preparazione:

Metti il petto di pollo in una teglia, insaporisci, condisci con l'olio d'oliva e poi metti sotto al grill per 10 minuti. Aggiungi i pomodorini e cucina per altri 5 minuti fino a quando il pollo sarà cotto. Stendi del pesto sul vassoio e servi con accanto i pomodorini.

Valori nutrizionali per porzione: 312kcal, 36g proteine, 7g carboidrati (2g fibre, 5g zuccheri), 19g grassi (4g saturi), 15% magnesio, 25% vitamina A, 34% vitamina C, 11% vitamina E, 20% vitamina K, 10% vitamina B1, 88% vitamina B3, 13% vitamina B5, 33% vitamina B6.

39. Hamburger di Tofu

Tofu ha tutti gli aminoacidi essenziali, che lo rendono un perfetto sostituto della carne. Le cipolle caramellate con fiocchi di peperoncino e Sriracha, in coppia con il teriyaki delizieranno il vostro palato.

Ingredienti(1 porzione):

85g tofu (extra sodo)

1 Cucchiaio teriyaki marinato

1 Cucchiaio Sriracha

1 foglia di lattuga

30g di carote, tagliuzzate

¼ Cipolla Rossa, a fette

½ cucchiaino di fiocchi di peperoncino rosso

1 rotolo di grano di medie dimensioni rotolo di grano

Tempo di preparazione: 5 min

Tempo di cottura: 10 min

Preparazione:

Scalda la griglia.

Marina il tofu in teriyaki marinato, fiocchi di peperoncino rosso e Sriracha poi metti a grigliare per 3-5 minuti su ogni lato.

Soffriggi la cipolla rossa in una padella antiaderente fino a caramellarla.

Taglia il rotolo a metà per aprirlo come un libro. Farcisci il rotolo con il tofu alla griglia, cipolle caramellate, carote e lattuga e servi.

Valori nutrizionali per porzione: 194kcal, 11g proteine, 28g carboidrati (5g fibre, 8g zuccheri), 5g grassi (1g saturi), 21% calcio, 14% ferro, 19% magnesio, 95% vitamina A, 10% vitamina B1, 14% vitamina B6.

40. Merluzzo piccante

Ad alto contenuto di proteine e grassi sani e povero di carboidrati, questo super piccante merluzzo darà una scossa al resto della tua giornata. Servi con un po' di riso integrale se hai bisogno di una spinta di carboidrati per un allenamento serale e aggiungi altri 2 peperoni, se ti senti in grado di gestire più spezie.

Ingredienti(2 porzioni):

340g di merluzzo bianco

10 pomodorini, tagliati a metà

2 peperoni jalapeno, a fette

2 cucchiai di olio d'oliva

sale marino

peperoncino in polvere

Tempo di preparazione: 5 min

Tempo di cottura: 10 min

Preparazione:

Scalda l'olio in una padella antiaderente. Cospargi il merluzzo con sale e peperoncino, metti in padella e cuoci per 10 minuti a fuoco medio. Mescolaci i peperoni 1-2 minuti prima che il pesce sia cotto.

Servi con pomodorini.

Valori nutrizionali per porzione: 279kcal, 30g proteine, 6g carboidrati (1g fibre, 1 g zuccheri), 16g grassi (2g saturi), 11% magnesio, 17% vitamina A, 38% vitamina C, 26% vitamina E, 33% vitamina K, 24% vitamina B3, 43% vitamina B6, 26% vitamina B12.

41. Funghi grigliati e hamburger di zucchine

I funghi Portobello hanno una spessa consistenza carnosa che li rende apprezzatissimi tra i vegetariani e gli amanti della carne allo stesso modo. Concediti hamburger della natura per avere un carico di minerali e vitamine ad un contenuto calorico minimo.

Ingredienti(1 porzione):

1 grande fungo portobello

¼ piccole zucchine a fette

1 cucchiaino peperoni arrosto

1 fetta di formaggio magro

4 foglie di spinaci

Uno spruzzo di olio d'oliva

1 rotolo medio di grano intero

Tempo di preparazione: 5 min

Tempo di cottura: 5 minuti

Preparazione:

Scalda la griglia. Spruzza la cappella del fungo con olio di oliva e metti sulla griglia con le fette di zucchina.

Taglia il rotolo a metà, in senso orizzontale, quindi posiziona gli strati degli ingredienti su una metà e ricopri con l'altra. Servi immediatamente.

Valori nutrizionali per porzione: 185kcal, 12g proteine, 24g carboidrati (4g fibre, 5g zuccheri), 4g grassi (1g saturi), 21% calcio, 17% ferro, 20% magnesio, 78% vitamina A, 28% vitamina C, 242% vitamina K, 15% vitamina B1, 37% vitamina B2, 26% vitamina B3, 16% vitamina B5, 16% vitamina B6, 31% vitamina B9.

42. Pesce mediterraneo

Quale modo migliore per raggiungere il tuo fabbisogno giornaliero di vitamina B12 che con una serie di piatti dai sapori mediterranei? Le vitamine e minerali sono ben rappresentati e il conteggio delle proteine è buono per una cena leggera.

Ingredienti(2 porzioni):

200g trota fresca

2 pomodori medio-grandi

3 cucchiaini di capperi

½ peperone rosso, tritato

1 spicchio d'aglio, tritato

10 olive verdi, a fette

¼ di cipolla, tritata

½ tazza di spinaci

1 cucchiaio di olio d'oliva

Sale e pepe

Tempo di preparazione: 10 min

Tempo di cottura: 15 min

Preparazione:

Scalda una padella a fuoco medio; aggiungi i pomodori interi, aglio e olio d'oliva. Copri e fai cuocere a fuoco lento per qualche minuto fino a quando i pomodori cominciano ad ammorbidirsi.

Aggiungi la cipolla, peperone, olive, capperi, Sale e pepe (e un po' d'acqua se necessario). Copri e fai cuocere a fuoco lento fino a quando i pomodori si sgonfiano e il peperone e la cipolla si saranno ammorbiditi.

Aggiungi la trota, copri e cuoci in camicia per 5-7 min.

Aggiungi gli spinaci all'ultimo minuto quindi servi.

Valori nutrizionali per porzione: 305kcal, 24g proteine, 7g carboidrati (1g fibre, 4g zuccheri), 11g grassi (3g saturi), 10% calcio, 12% magnesio, 36% vitamina A, 56% vitamina C, 62% vitamina K, 13% vitamina B1, 33% vitamina B3, 12% vitamina B5, 25% vitamina B6, 15% vitamina B9, 105% vitamina B12.

43. Cena simpatica per vegani

Un pasto simpatizzante per vegani con una buona quantità di proteine e Vitamine. Lascia nella tua bocca il gusto che merita con questa salsa dolce e piccante che ha dentro il sapore del tofu ed è facile da fare.

Ingredienti(2 porzioni):

340g tofu

¼ di tazza di salsa di soia

¼ tazza Zucchero di canna

2 cucchiaini olio di sesamo

1 cucchiaino di olio d'oliva

1 cucchiaino fiocchi di peperoncino

2 spicchi d'aglio, tritati

1 cucchiaino di zenzero, grattugiato fresco

sale

Tempo di preparazione: 5 min

Tempo di cottura: 15 min

Preparazione:

Mescola zucchero di canna, salsa di soia, olio di sesamo, zenzero, peperoncino e scaglie di sale in una ciotola e metti da parte.

Versa l'olio d'oliva in una casseruola e calore poi friggi il tofu per circa 10 min.

Versa la salsa nella padella e cuoci per 3-5 minuti. Servi quando la salsa è addensata e il tofu è fatto.

Valori nutrizionali per porzione: 245kcal, 17g proteine, 15g carboidrati (1g fibre, 11g zuccheri), 15g grassi (3g saturi), 34% calcio, 19% ferro, 19% magnesio, 11% vitamina B2, 11% vitamina B6.

44. Tonno sciolto

A differenza di un piatto di tonno fuso ad alto contenuto di grassi saturi e carboidrati, questo piatto ha una quantità moderata di carboidrati e proteine presenti in una manciata di tonno, e lo rende un pasto eccellente che supporta la crescita muscolare magra.

Ingredienti(2 porzioni):

1 scatoletta di tonno (165g)

2 fette di mozzarella magra

2 cucchiaino di salsa di pomodoro

1 muffin di grano intero inglese

una spolverata di origano

Tempo di preparazione: 5 min

Tempo di cottura: 3 min

Preparazione:

Preriscalda il forno a 190C ventilato / gas 5.

Taglia il muffin inglese e poi condisci ogni metà con la salsa di pomodoro. Metti sopra il tonno, cospargi con l'origano e mettici sopra a tutto una fetta di formaggio. Metti a sciogliere nel forno e cuoci per 2-3 minuti o fino a quando il formaggio si sarà sciolto, poi dividi in 2 piatti e servi.

Valori nutrizionali per porzione: 255kcal, 31g proteine, 14g carboidrati (2g fibre, 2 g zuccheri), 6g grassi (4g saturi), 29% calcio, 11% ferro, 13% magnesio, 10% vitamina B1, 10% vitamina B2, 60% vitamina B3, 23% vitamina B6, 52% vitamina B12.

45. Insalata di pollo e avocado

Un pasto che fornisce un grande equilibrio di proteine di qualità e Grassi sani che ti soddisferanno senza strafare sul fronte carboidrati. Sostituisci l'aceto con succo di limone per una sensazione di fresco.

Ingredienti(1 porzione):

100g di petto di pollo

1 cucchiaino di paprika affumicata

2 cucchiaini olio d'oliva

Per l'insalata:

½ avocado medio, tagliato a dadini

1 pomodoro medio, tritato

½ cipolla rossa piccola, tagliata a fette sottili

1 cucchiaio di prezzemolo, tritato grossolanamente

1 cucchiaino di aceto di vino rosso

Tempo di preparazione: 10 min

Tempo di cottura: 10 min

Preparazione:

Scalda la griglia a media temperatura. Strofina il pollo con 1 cucchiaio di olio d'oliva e paprika. Cuoci per 5 minuti su ogni lato fino a quando non è cotto e leggermente carbonizzato. Taglia il pollo a fette spesse.

Mescola gli ingredienti insieme, insaporisci, aggiungi il resto del olio d'oliva e servi con il pollo.

Valori nutrizionali per porzione: 346kcal, 26g proteine, 14g carboidrati (6g fibre, 4g zuccheri), 22g grassi (3g saturi), 16% magnesio, 22% vitamina, 44% vitamina C, 18% vitamina E, 38% vitamina K, 12% vitamina B1, 11% vitamina B2, 66% vitamina B3, 19% vitamina B5, 43% vitamina B6, 22% vitamina B9.

SPUNTINI

1. Pomodorini con ricotta

Taglia 5 pomodorini a metà e spalma con 2 cucchiai formaggio di capra mescolato con aneto fresco e un pizzico di sale.

Valori nutrizionali: 58kcal, 4g proteine, 10g carboidrati, 30% vitamina A, 40% vitamina C, 20% vitamina K, 10% vitamina B1, 10% vitamina B6, 10% vitamina B9.

2. Toast con avocado

Tosta un piccolo pezzo di pane integrale poi copri con 50 g di purè di avocado e cospargi con Sale e pepe.

Valori nutrizionali: 208kcal, 5g proteine, 28g carboidrati (6g fibre, 2g zuccheri), 9g grassi (1g saturi), 13% vitamina K, 13% vitamina B9.

3. Peperoni con ricotta

Taglia un piccolo peperone a metà, togli i semi poi spalma 50 g di ricotta mescolata con il tuo condimento preferito.

Valori nutrizionali: 44kcal, 6g proteine, 3g carboidrati (3g zuccheri), 49% vitamina C.

4. Torta di riso con burro di arachidi

Spalma 1 torta di riso con 1 cucchiaio di burro di arachidi cremoso.

Valori nutrizionali: 129kcal, 5g proteine, 10g carboidrati (1g fibre, 1 g zuccheri), 8g grassi (1g saturi), 10% vitamina B3.

5. Sedano con formaggio di capra e olive verdi

Copri 3 gambi di sedano di media grandezza con 3 cucchiai formaggio di capra e 3 olive verdi a fette.

Valori nutrizionali: 102kcal, 4g proteine, 6g carboidrati (3g fibre), 6g grassi (4g saturi), 12% calcio, 45% vitamina K, 18% vitamina A, 12% vitamina B9.

6. Yogurt con Bacche di Goji secche

Mescola 150g di yogurt magro con 10g di bacche di goji.

Valori nutrizionali: 134kcal, 7g proteine, 19g carboidrati (1g fibre, 18% zuccheri), 4g grassi (1g saturi), 27% calcio, 24% ferro, 13% vitamina C, 19% vitamina B2, 13% vitamina B12.

7. Mela e burro di arachidi

Affetta una piccola mela e spalma 1 cucchiaino di crema di burro di arachidi su ogni fetta.

Valori nutrizionali: 189kcal, 4g proteine, 28g carboidrati (5g fibre, 20g zuccheri), 8g grassi (1g saturi), 14% vitamina C, 14% vitamina B3.

8. Yogurt Greco con fragole

Mescola 150g Yogurt Greco con 5 fragole medie tagliate a metà.

Valori nutrizionali: 150kcal, 11g proteine, 10g carboidrati (10g zuccheri), 8g grassi (5g saturi), 10% calcio, 60% vitamina C.

9. Mix di frutta secca

Mescola insieme 10g di noci, 10g di mandorle e 30g di uvetta.

Valori nutrizionali: 217kcal, 4g proteine, 25g carboidrati (2g fibre, 17g zuccheri), 13g grassi (1g saturi), 10% magnesio.

10. Prosciutto e gambi di sedano

Avvolgi 6 gambi di sedano di media dimensione con 3 fette di prosciutto e servi con 1 cucchiaino di senape di grano intero.

Valori nutrizionali: 129kcal, 15g proteine, 6g carboidrati (6g fibre), 3g grassi, 12% calcio, 24% vitamina A, 12% vitamina C, 90% vitamina K, 18% vitamina B1, 12% vitamina B2, 24% vitamina B3, 15% vitamina B6, 24% vitamina B9.

11. Yogurt con frutti tropicali

Aggiungi a 150g di Yogurt Greco ½ tazza di kiwi tagliato e ¼ tazza di fette di mango.

Valori nutrizionali: 210kcal, 12g proteine, 25g carboidrati (2g fibre, 19g zuccheri), 8g grassi (5g saturi), 13% calcio, 11% vitamina A, 155% vitamina C, 46% vitamina K.

12. Yogurt ai mirtilli

Unisci 150g di yogurt magro a ½ tazza di mirtilli.

Valori nutrizionali: 136kcal, 8g proteine, 21g carboidrati (2g fibre, 18g zuccheri), 3g grassi (1g saturi), 27% calcio, 13% vitamina C, 18% vitamina K, 21% vitamina B2, 13% vitamina B12.

13. Tazza di popcorn

Valori nutrizionali: 31kcal, 1g proteine, 6g carboidrati (1g fibre).

14. Ceci arrostiti

Valori nutrizionali 50g: 96kcal, 4g proteine, 13g carboidrati (4g fibre, 2g zuccheri), 3g grassi.

ALTRI TITOLI DELL'AUTORE

www.ingramcontent.com/pod-product-compliance
Lightning Source LLC
Chambersburg PA
CBHW071744080526
44588CB00013B/2151